☾ The how-to book of Dayan's fortune cards ☽

ダヤンの
フォーチュンカード
占いブック

占い・鏡リュウジ　　絵・池田あきこ
Ryuji Kagami　　Akiko Ikeda

はじめに

「きらきらひかる　夜空の星よ」「ロンドン橋落ちた…」

幼いころから耳にしてきた歌。それがイギリスの童謡であるマザーグースからきているということを、ご存じでしたか？

日本でこれほどなじまれている詩が、日本から遠く離れたイギリスの子どもたちも口ずさんでいると思うと、なんだかワクワクしてきませんか。

民族も文化も、そして言葉も異なるはるかイギリスで知られていたマザーグースが、ぼくたちにはまるで日本古来のわらべ歌のように聞こえるなんて、不思議ですよね。

それだけ、この童謡集には普遍的な魅力がこめられているということなのでしょう。

「かごめかごめ」のような日本のわらべ歌もそうですが、こうした古い歌には「作者」がいません。イギリスの場合は、古い子供向けの詩を総称して「マザーグース」と呼び、作者とおぼしき人物を同じ「マザーグース」という名称で呼んでいます。でも、もちろんこの「マザーグース」さんは実在の人物ではないでしょう。歴史上の人物というよりもサンタクロースのような神話的な存在というほうがしっくりきます。たとえ、何かしらのモデルがあったにしろ、です。（それはサンタクロースの場合も同じですね）

わらべ歌というのは、謎に満ちています。その詩は、大人たちにとってはナンセンスと感じられるような内容にもかかわらず、子どもたちはそれを喜んで聞いて、歌っています。韻とリズムをいかした音の響きは、人の意識を変えて、異世界への

扉を開いていくからではないでしょうか。

　奇妙ななぞなぞのようで、時にちょっとだけ不気味でもあり、でも魅惑的。これがマザーグースにも見られる特徴です。

　それは一種の呪文といってもいいでしょう。

　マザーグースを口にすることは、昔の人々の息吹と同調し、そして大人も純真な子どもの心へと立ち戻り、目に見えない世界と素直に交信する小さな魔法なのだとぼくは思うのです。

　このマザーグースを元にした「フォーチュンカード」は、池田あきこ先生の絵と訳によってそんな魔法を今に蘇らせようとしたもの。

　ここには一応、ぼくの解釈を載せてありますが、ここから受けるメッセージは本来、人それぞれであるべきです。

　自由に、マザーグースのリズムに身をゆだね、想像力を膨らませて、過去と未来が溶け合ったリドル（なぞなぞ）の世界からメッセージを受け取っていただければ幸いです。

　では、マザーグースおばさんの歌に耳を傾けながら、魔法の世界へと踏み出しましょう。

鏡リュウジ

この「ダヤンのフォーチュンカード」に登場するマザーグースは、"わちふぃーるど"を舞台にしたオリジナルの世界です。一部、原詩を抜粋して紹介しています。また訳は、英文を直訳したものではなく創作したものです。登場人物等をわちふぃーるどのキャラクターに変えているものもあります。ダヤンとその仲間によって生まれた、新しいマザーグースの世界をお楽しみください。

Contents 目次

はじめに …2

Chapter I フォーチュンカードの占い方
フォーチュンカードの使い方 …6
占い方 …7
占う時の約束 …8
スペシャルカード「Wish Card」と「呪文のことば」カードについて …8

Chapter II フォーチュンカードの解説
1. Hope 希望 "きらきらお星様" …10
2. Cute かわいらしさ "ねこねこ こねこ" …12
3. Wisdom 知恵 "ふくろうとこねこ" …14
4. Party パーティー "マーシィ やかんをかけといて" …16
5. Value 価値 "のんきなサイモン" …18
6. Calling 天の声 "ちっちゃな坊や" …20
7. Tradition 伝統 "オールド・キング・コール" …22
8. Home 家 "かぼちゃ好きのピーター" …24
9. Rhythm リズム "ジャックとジル" …26
10. Knock ノック "ノックノック どなた?" …28
11. Self-Esteem 自尊心 "ちいさなジャックホーナーくん" …30
12. Honesty 正直 "男の子って" …32
13. Transition 変化 "ハンプティ・ダンプティ" …34
14. Maze 迷路 "ドクター・フォスター" …36
15. Union 結びつき "ボビー・シャフトー" …38
16. Heart and Sword 愛と剣 "ハートのクィーン" …40
17. Rest 休息 "ねんねんころりよ" …42
18. Give Way 譲歩 "ヘクター・プロテクター" …44
19. Sweetness 甘美 "バラは赤い" …46
20. Wealth 富 "6ペンスの歌を歌おう" …48
21. Pride 誇り "ライオンと一角獣" …50
22. Message メッセージ "マザーグースのおばさん" …52
23. Follow したがう "メリーの子羊" …54
24. Time to Sleep 眠る時間 "ウィー・ウィリー・ウィンキー" …56
25. Beyond the Moon 月をこえて "ねことバイオリン" …58
26. On Time 時間通りに "チクタク チクタク ボーン" …60
27. Rightness 正義 "パンチとジュディ" …62
28. Diversity 多様性 "まがったダヤン" …64
29. Reborn 再生 "ロンドン橋おちた" …66
30. Independence 独立 "ジャンピング・ジョーン" …68

"わちふぃーるど"の世界 …70

Chapter I

フォーチュンカードの占い方

「ダヤンのフォーチュンカード」の世界へようこそ。
最初に占い方をご紹介します。

フォーチュンカードの使い方
How to use Dayan's fortune cards

　マザーグースの意味ありげな奥深い詩を、30枚のカードに配した「ダヤンのフォーチュンカード」。その1枚1枚には、その詩から感じ取れる象徴やモチーフが反映されています。そこから1枚を引いて、カードからのメッセージを読み取っていくのが、このフォーチュンカードです。

　フォーチュンカードは偶然に引いた1枚のカードで占いますが、そこには引いた人ひとりひとりの無意識の中に存在する可能性や、心の奥の真意が自然と浮かび上がってきます。それが引いた人の未来を暗示したり、本当の気持ちを言い当てたり、今の自分に必要なことを教えてくれるのです。時には自分の願いをかなえるために、時には不安や悩みを解決するために、このフォーチュンカードの導きを上手に活用してください。

占い方

最初に占いたいことを頭の中で整理します。
なるべく具体的かつ簡潔に思い浮かべてください。
たとえば、「今やっている仕事で必要なことはなんでしょうか?」
といったふうにアドバイスを求める姿勢が大切です。

カードをテーブルの上に裏向きにおきます。
そして深呼吸してから、両手でカードを丁寧に
シャッフル(カードを混ぜること)します。シャッフルしている間、
マザーグースの詩から星を歌うこの言葉を唱えましょう。
星は未来を示す希望の象徴なのですから。
この詩は実際に唱えても心の中で呟いても大丈夫です。

Twinkle, twinkle, little star,
How I wonder what you are!
Up above the world so high,
Like a diamond in the sky.

英語が苦手な方は、下の言葉で唱えてくださいね。

トゥインクル・トゥインクル・リトルスター
私の未来を導いてください
きらきら星の指すように
素敵な明日を伝えてください

自分が納得のいくまでシャッフルしたら、カードを裏返しにしたまま、
テーブルから気になるカードを1枚ピックアップします。
それを表に返してください。そのカードがあなたへのメッセージです。
カードの解説ページを見て、メッセージに込められた意味を読み取ってください。

占う時の約束

このカードには、マザーグースの詩によるマジカルな力が秘められています。その神秘的なパワーをより強く引き出すためにも、次の3つのルールを頭に入れて占いましょう。

1. 集中して真剣に行う

スピリチュアルな暗示を得るには、集中力と真剣さが必要です。
静かな場所で心を落ち着かせ、まじめにカードと向き合いましょう。

2. カードのメッセージを前向きに受け止める

結果が好ましくなくても、その暗示を前向きに受け止めることが大切。
メッセージを心に留めることで願いに近づいていきます。

3. 同じことを何度も占わない

やり直しをすると、カードに反映されるパワーが弱まってしまいます。
最初に引いたカードに一番深い意味が込められています。

スペシャルカード「Wish Card」と「呪文のことば」カードについて

「ダヤンのフォーチュンカード」には、30枚のフォーチュンカードの他に2枚のカードが入っています。

1枚は占う時の呪文が書かれた「呪文のことば」カード。呪文が覚えられない時は、このカードを見ながら唱えてくださいね。

もう1枚は、右のページにある「Wish Card」。"願いは叶う"という意味を持つ、最強のラッキーカードです！　このカードをひいたあなたは、「愛」「富」「知性」すべての分野においてラッキーで、「希望」に輝いている、最高の運の持ち主。カードに示された4つのキーワードがすべて当てはまりますので、それぞれの解説ページを参考にしてみてくださいね。

Chapter II

フォーチュンカードの解説

「マザーグース」の魔力が秘められたフォーチュンカード。
その詩に込められたメッセージを詳しくよみときます。

マザーグース訳・池田あきこ　Akiko Ikeda

Hope
希望
Dayan's fortune cards

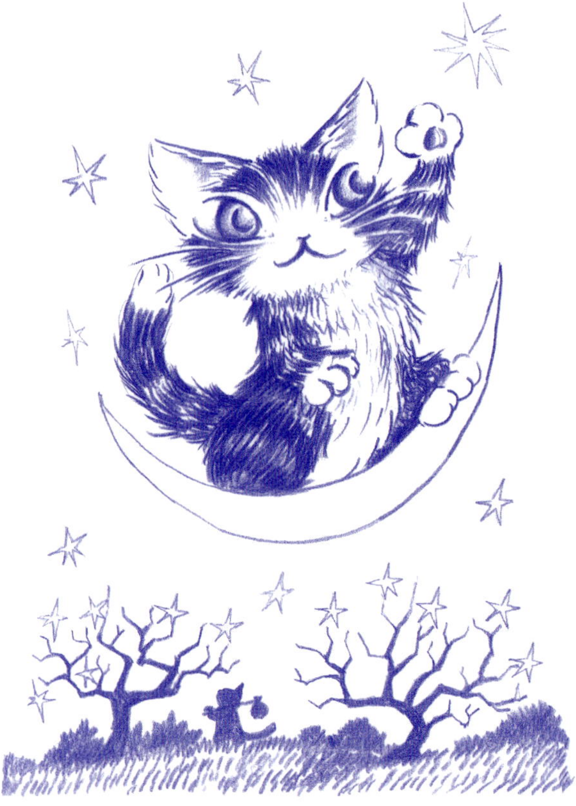

きらきらお星様
Twinkle, twinkle, little star

きらきらお星様
あなたはだれでしょう
空高く輝いて まるでダイアモンドのように
暗やみをゆく旅人も
あなたの光が頼りです

Twinkle, twinkle, little star,
How I wonder what you are!
Up above the world so high, like a diamond in the sky.
Then the traveller in the dark,
Thanks you for your tiny spark.

　キラキラ、空に輝く星。星は伝統的に未来への希望を指し示す目印でした。このカードが出た時には、大きな希望があなたの問いかけに対して示されたことを表しています。まだその願いが叶うのは少し先かもしれませんが、確かな希望がそこにあることを、このカードは告げているのです。

　たとえ今は暗やみの中を歩いているような状況でも、もうすぐそこに明るい出口が見えています。きっとつらいことや悩んでいることにもまもなく終わりが訪れ、星が示す輝かしい光が射してくるでしょう。これまでの努力も報われる時が来るという希望のカードですから、ここで諦めてはもったいない。今までがんばってきたからには、やめずにもう少し続けてみましょう。

　また、このカードを引いたら、まずは自分の叶えたいことを強く願うことが大切です。そして、その願いをいつも心の中に抱き続けてください。その願いが純粋なものであればあるほど、それが叶う確率は高いという暗示です。

Cute
かわいらしさ
Dayan's fortune cards

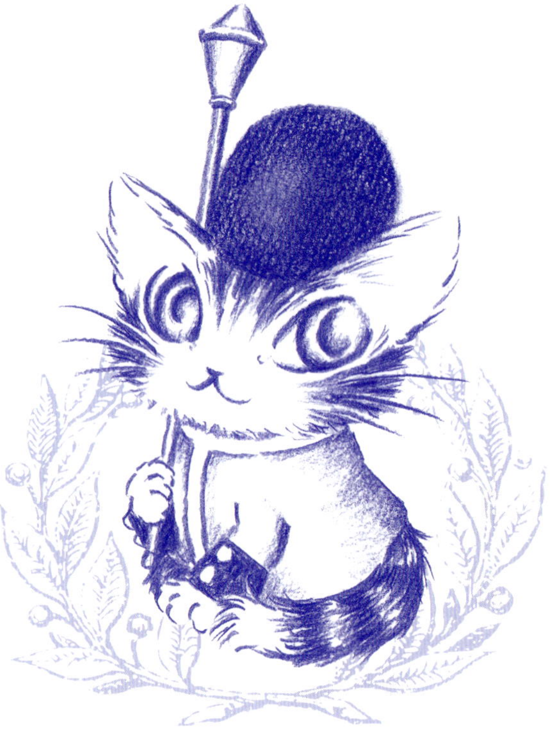

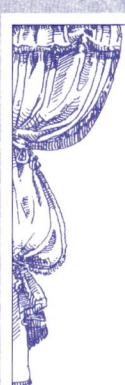

ねこねこ こねこ
Pussycat, pussycat

ねこねこ こねこ
どこへいった？
女王みたさにロンドンへ
ねこねこ こねこ
なにしたの？
椅子のしたのねずみをかんだ

Pussycat, pussycat, where have you been?
I've been to London to visit the Queen.
Pussycat, pussycat, what did you there?
I frightened a little mouse under her chair.

　ねこは古くからチャームを象徴する動物です。とくに、こねこはかわいらしい魅力を表します。このカードを引いたら、あなたのかわいらしさや茶目っ気が前面にでてくるということ。ちょっとくらい失敗しても大丈夫！　それがかえってあなたの魅力になりますから、思い切って自分のやりたいことを進めてください。周りの人もあなたのことを好意的に受け止めてくれて、あなたの人気もアップするでしょう。

　もし、人間関係で悩んでいるなら、このカードはそれが良い方向へと向かうことを示しています。勇気を出してあなたのほうから歩み寄ってみましょう。かわいらしいこねこが人の気持ちを優しくするように、今のあなたなら相手のかたくなな心もとかすことができるはずです。また、こねこは「甘え」を表しますから、このカードを引いたら、誰かに甘えたり頼ったりするのも良いことです。自分ひとりで抱え込まずに周囲の人の力を借りてください。快く援助してくれる人がきっと現れます。

 *3*

Wisdom
知恵

Dayan's fortune cards

ふくろうとこねこ
The Owl and the Pussycat

ふくろうとこねこ 海に出た
きれいな豆色のふねにのり
はちみつ少しとお金をたくさん
5ポンド札にくるんで
星をみあげたふくろうは ギターに合わせてうたったよ
かわいいこねこ いとしいこねこ
なんてすてきなこねこ

The owl and the Pussycat went to sea
in a beautiful pea-green boat,
they took some honey, and plenty of money,
wrapped up in a five pound note.
The owl looked up to the stars above, and sang to a small guitar,
"O lovely Pussy! O Pussy my love,
what a beautiful Pussy you are, you are!
What a beautiful Pussy you are!"

　ふくろうとねこが乗った船は、月の明かりを頼りに夜の海をゆっくりと進んでいきます。ふくろうは西洋では知恵の象徴です。ねこは夜の世界を象徴する動物で、普通では眼には見えない世界を感知する能力をもっているとされています。

　このカードを引いたら、内なる知恵に耳を傾ける時です。今のあなたは夜の海を進んでいるのと同じで、周りがよく見えていない状況。ここでいったん立ち止まって、今、直面している問題について知恵を絞って考えてください。無意識的な洞察力が働く暗示もありますから、表面的な部分だけで判断するのではなく、物事の裏側や目に見えない部分を読み取っていく作業を行いましょう。そうすると今、自分がすべきことは何か、どう行動することがベストなのか、その答えが見えてきます。

4

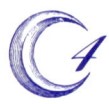

Party
パーティー

Dayan's fortune cards

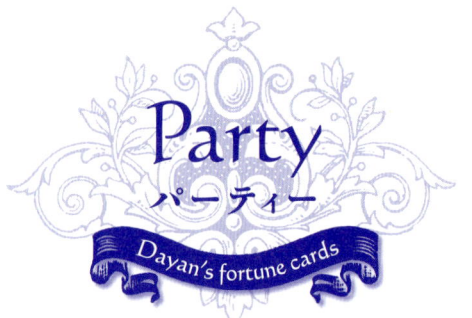

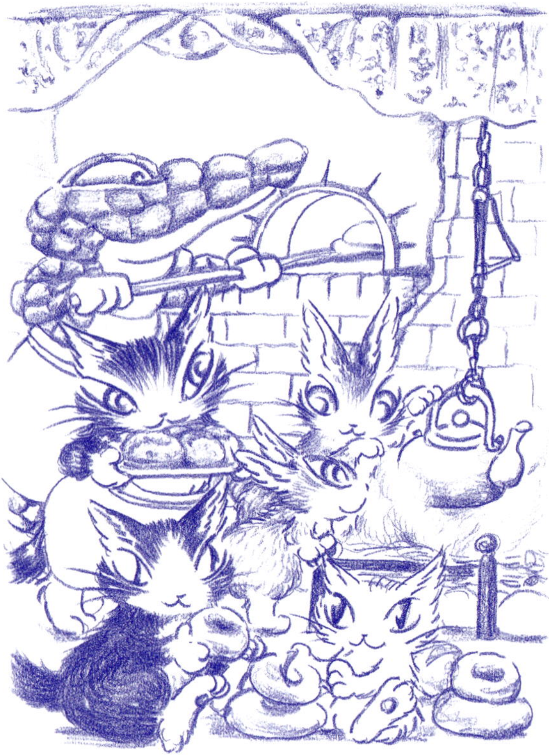

マーシィ やかんをかけといて
Marcy, put the kettle on

マーシィ やかんをかけといて
みんなでお茶を飲みましょう
シーム やかんをはずしてよ
すっかりお湯が沸きました
火をおこしてパンを焼こう
ローストマフィンを作りましょう
火をおこしてパンを焼こう
みんなでお茶を飲みましょう

Marcy, put the kettle on, we'll all have tea.
Seam, take it off again, they've all gone away.
Blow the fire and make the toast,
Put the muffins on to roast,
Blow the fire and make the toast,
We'll all have tea.

　イギリス人は、最低でも1日に3度はお茶を飲むといいます。ティータイムは、慌ただしい日々の中でひと息ついて寛ぐ時間。同時にみんなで和やかに談笑するひと時でもあり、人と人を結びつける重要な儀式でもあるのです。

　このカードが出た時には、まずはお茶を一杯。お茶の芳香を胸いっぱいに吸い込んで、心を落ち着かせてみましょう。そうすると自然と頭の中が整理されてきます。迷っていたことや悩んでいたことへの解決の糸口も、次第に見えてくるでしょう。

　さらに、誰かと一緒にティータイムを過ごすこともプラスになります。人とおしゃべりすることでアイデアも浮かんでくるでしょう。自分ひとりでは考えつかない意見を聞くことで、発見や気づきがあるかもしれません。人の集まりにも幸運のタネがある時ですから、そうした場にはぜひ足を運んでください。

Value
価値
Dayan's fortune cards

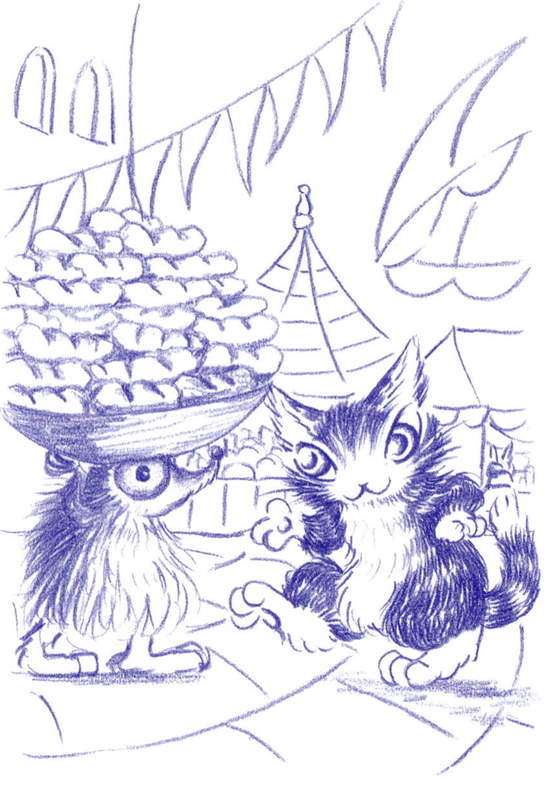

のんきなサイモン
Simple Simon

のんきなサイモン パイ売りに会った
お祭り市場にいく途中
ひとつ味見をさせてくれないか?
それならおあしを見せとくれ
実はすっからかんなのさ

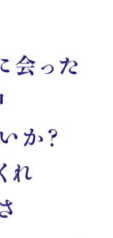

Simple Simon met a pieman,
Going to the fair.
Said Simple Simon to the pieman, "Let me taste your ware."
Said the pieman unto Simon, "Show me first your penny."
Said Simple Simon to the pieman, "Indeed I have not any."

　のんきなサイモンは市場にいく途中のパイ売りに会いました。そしてパイの味見をさせてくれないかと頼んでいます。でも、サイモンにはパイを買うお金はありません。命をつなぐ食べ物であるパイは、「本当に役に立つもの」の象徴です。その一方でお金というものは、「世間的な価値」を表します。

　このカードが出た時は、自分にとって本当に役立つものとは何なのかを、しっかりと考えるべき時。そして、世間の目に惑わされることなく、自分にとって本当に価値があると思うものを選びとっていくことが大切だと、このカードは告げています。その人にとって何がいちばん「価値あるもの」なのかは、その時の状況によっても変わるでしょう。ほかの人にとっては価値のないものでも、今の自分にとっては価値があるという場合もあります。価値のあるものを見極め、そこに力を注いでください。

　また、このカードを引いた時は、お金では買えないものがあなたに届く暗示も。それを大切にしなさいと告げています。

Calling
天の声
Dayan's fortune cards

ちっちゃな坊や
Little Boy Blue

坊や つのぶえふいとくれ
羊は牧場 牛は畑
みはりの坊やはどこいった？
干草にくるまっておねんねよ
すぐにおこしてくれないか？
いえいえないてしまうから

Little Boy Blue, come blow your horn!
The sheep's in the meadow, the cow's in the corn.
Where is that boy who looks after the sheep?
Under the haystack fast asleep!
Will you wake him?
Oh no, not I, for if I do he will surely cry.

　動物の角でつくった角笛は、動物たちに呼びかける時に使います。その音色に動物たちはさまざまなメッセージを聞きとり、集まってきたり、移動したりするのです。その角笛を吹くのは、お昼寝をしているちっちゃな坊や。子どもは天使を象徴し、角笛による呼びかけは天の声を表しています。

　そんな意味が込められているこのカードを引いたら、それは天からの声を感じ取りなさいというメッセージです。何かピンとくるようなインスピレーションを感じるかもしれません。「自分の使命はこれだ！」と思えるような瞬間や天職に出会えることもあるでしょう。また、無意識にやっていることにも何か意味があるのかもしれません。夜みた夢の中に、重要なヒントが隠されていることもあるでしょう。直感を研ぎ澄まして、そうした目に見えない世界からの声や呼びかけに耳を傾けてみましょう。きっと見えない力が正しい方向へと導いてくれます。

Tradition
伝統
Dayan's fortune cards

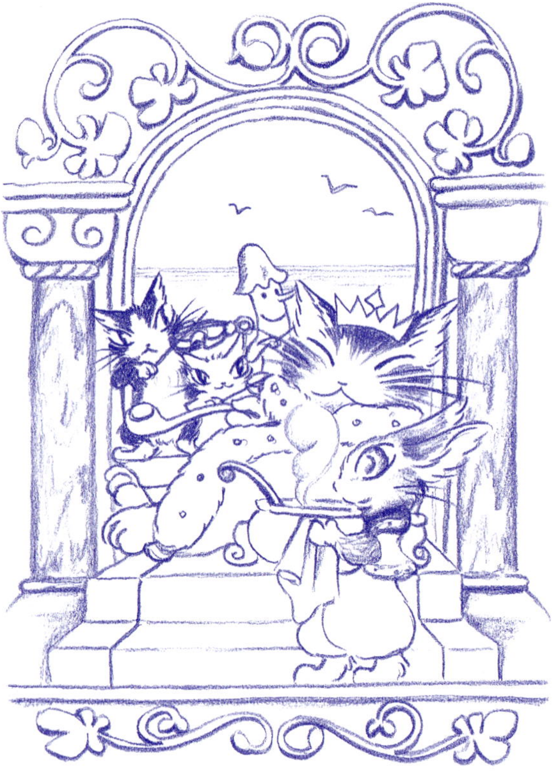

オールド・キング・コール
Old King Cole

コール王はゆかいなお方
ゆかいなお方はコール王
パイプをもってこさせ ボウルをもってこさせ
三人のバイオリン弾きをつれてきた
バイオリン弾きは それぞれにすてきなバイオリンを持ってきた
コール王とバイオリン弾きとバイオリン
どれもこれもがとってもすてき

Old King Cole was a merry old soul,
And a merry old soul was he;
He called for his pipe, and he called for his bowl,
And he called for his fiddlers three.
Every fiddler he had a fiddle, and a very fine fiddle had he;
Oh, there's none so rare as can compare
With King Cole and his fiddlers three.

　王様は権威あるものの象徴です。そして、古くから受け継がれてきた伝統を表します。ゆかいなコール王の姿が描かれているこの詩には、そうした権威や伝統といったじっくりと育まれてきたものの中に、何か特別な価値があることを示しています。
　このカードを引いた時は、たとえば年配の方に助言を仰いだりすると、目からウロコが落ちるようなアドバイスがもらえるかもしれません。また、歴史の本や偉人たちの名言集の中に、あなたが求めている言葉が見つかることもあるでしょう。
　同時にこのカードが出たら、今は新しいことを始めるべき時期ではないという暗示でもあります。新しいことに着手するより、今まで長い間取り組んできたことをもう少し続けてみましょう。そうするとやがてその努力が報われるなど、何かステキなごほうびを天上界の王様が授けてくれそうですよ。

8

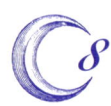

Home

家

Dayan's fortune cards

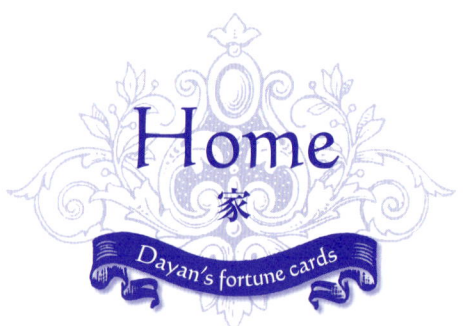

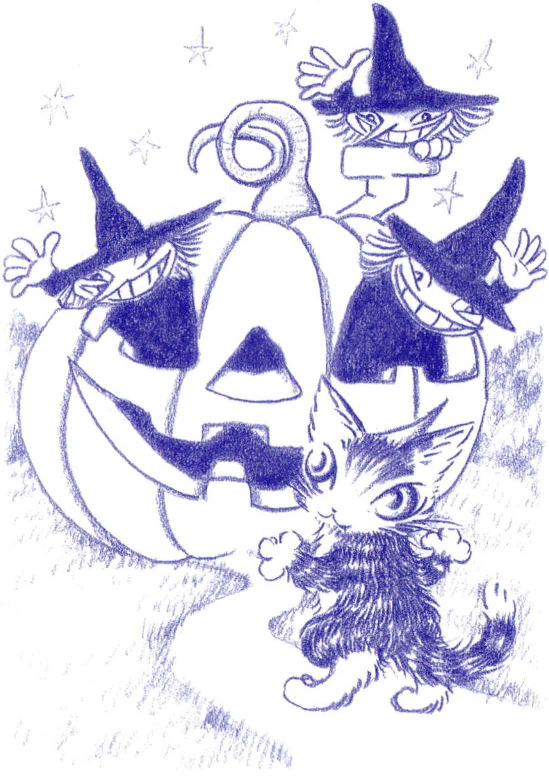

かぼちゃ好きのピーター
Peter, Peter, pumpkin eater

ピーター ピーター
パンプキンイーター
奥さんいるけど家がない
かぼちゃのからをくりぬいて
そのなかに奥さん住まわせたとさ

Peter, Peter,
pumpkin eater,
Had a wife and couldn't keep her.
He put her in a pumpkin shell
And there he kept her very well.

　かぼちゃといえばイギリスで古い伝統をもつハロウィンを連想されるかもしれません。ですが、南米原産のかぼちゃがイギリスに入るのは比較的近年のこと。もともとハロウィンで使われていたのはカブでした。そこでこの詩も近代以降のものであることがわかります。

　この詩に出てくる「家を探して、つくる」という作業は、「自分の居場所を探して、つくる」ということを表しています。自分の居場所というのは、家庭を意味する場合もあるでしょうし、自分の基盤や足元を示すこともあるでしょう。心から寛げる空間や、自分が求められている場所という意味にも解釈できます。

　このカードを引いた時は、そういう自分の居場所をしっかり確保することが重要だということです。あるいは、「基礎を固めなさい」「足元を見なさい」、という暗示かもしれません。家族があなたに何かメッセージを送っているというサインの場合もあるでしょう。いずれにしても、しっかりと地に足をつけて、自分の居場所について考えるべき時なのです。

Rhythm
リズム

Dayan's fortune cards

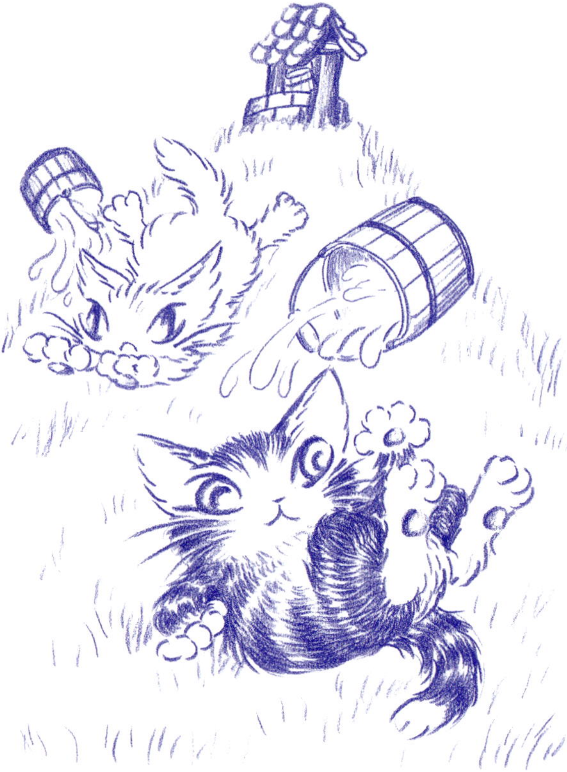

ジャックとジル
Jack and Jill

ジャックとジル バケツいっぱい
丘にのぼって水くみに
ジャックはころんで頭にけが
ジルもあとからころげていった

Jack and Jill went up the hill
to fetch a pail of water;
Jack fell down and broke his crown,
And Jill came tumbling after.

　謎に包まれたこの詩ですが、一説には月の動きを象徴しているという話もあります。ジャックとジルは水を汲むためにいっしょうけんめい丘のてっぺんまで登りましたが、そこから転がり落ちてしまいます。それが満ちては欠ける月のイメージと重なったのかもしれません。

　このカードは、「登っては落ちる」「満ちては欠ける」というように、すべてのものにリズムが存在することを表しています。人生にしても良い時もあれば、つらい時期もあります。それが自然のリズムだということを、このカードは教えてくれています。もし今のあなたが何かに悩んでいるなら、もう少し辛抱すればその悩みが晴れて、上り調子になる時が来ることを、このカードは告げているのです。逆にもし今のあなたが絶好調なら、浮かれていてはいけません。この先、つまずいたり苦労することもあると思って、気を引き締めることが必要でしょう。人生にはいろいろなことが起こりますが、それも自然のリズムなのだと思って受け止めていくことが大切です。

Knock
ノック

Dayan's fortune cards

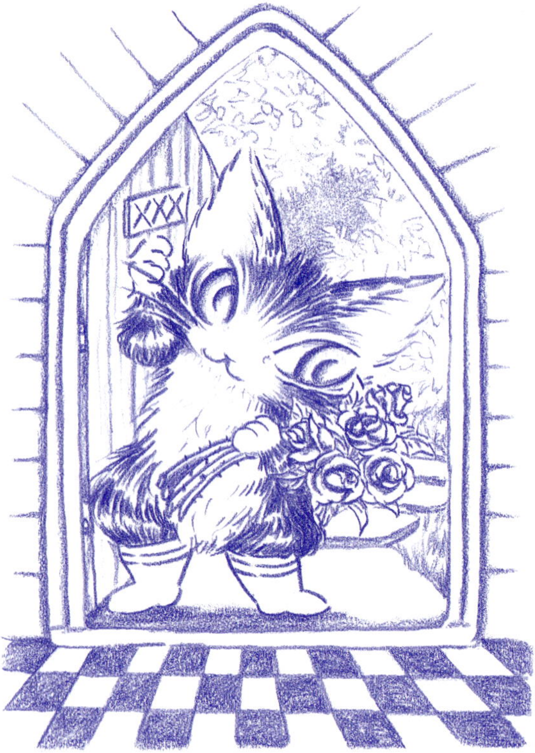

ノックノック どなた？
Knock, knock. Who's there?

**ノックノック
どなた？キャットです
キャットだあれ？
キャットダヤン**

Knock, knock.
Who's there?
Cat.
Cat who?
Cat Dayan!

　トントントン……ドアをノックする音が聞こえます。誰かと思ったらダヤンがやってきました！

　このカードは、ダヤンのように自分からドアをノックすることが大切だと教えています。あなたのほうからドアをノックしないと何も始まりません。

　もし気になる人がいるなら、あなたからアプローチしてみましょう。やってみたいことがあるなら、思い切ってその門を叩いてください。自分からノックをするのはちょっと勇気がいるかもしれませんが、ノックすれば、扉のその先には予想もしなかったようなすばらしい世界が待っています。きっとノックしてよかったと思うでしょう。

　また、このカードが出た時は、誰かがあなたの心をノックする暗示もあります。あまり扉をかたくなに閉めていると、その音に気づかないかもしれませんよ。ノックしてくる相手はあなたに幸運を運んでくれる来客の可能性が！　心をオープンにして、あなたに接近してくる人をぜひ招き入れてください。

11

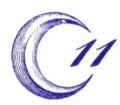

Self-Esteem

自尊心

Dayan's fortune cards

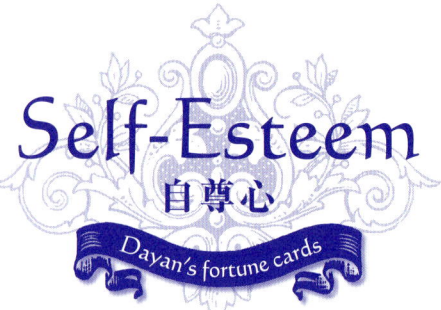

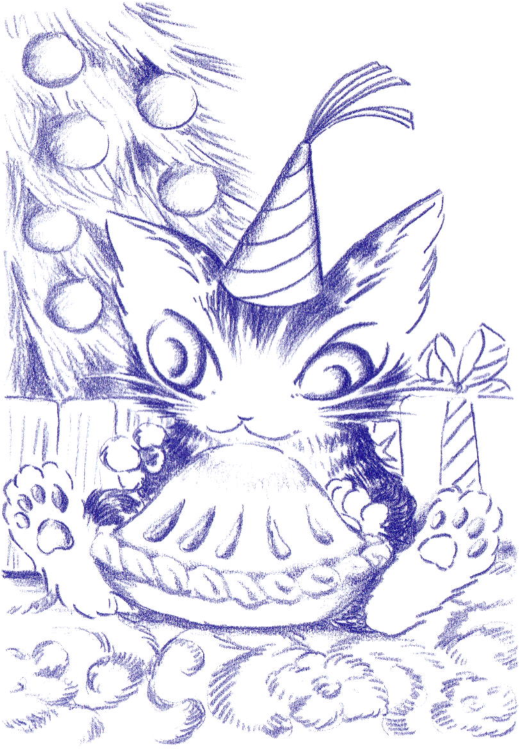

ちいさなジャックホーナーくん
Little Jack Horner

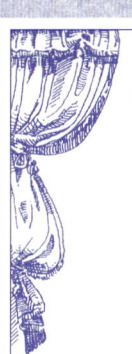

ちいさなジャックホーナーくん
すみっこにすわって
クリスマスパイを食べている
おやゆびでプラムをつまみだし
「ぼくってなんていいこだろ！」

Little Jack Horner
Sat in the corner
Eating a Christmas pie;
He put in his thumb, and pulled out a plum,
And said, "What a good boy am I !"

　パイに指をつっこんでしまういたずらなホーナーくん。でも、「ぼくってなんていいこだろ！」と無邪気に言います。ここに表れているのは、素直に自分自身の良さを認める気持ち。大人になると、いろいろ自分の欠点ばかりを数えるようにもなりがちですが、この詩は自分の良さを素直に受け入れ、誇りに思う気持ちが大切だと伝えているようです。欠点も失敗も含めてあなたはかけがえのないあなたです。自分のことが好きでなければ、人だってあなたのことを好きになってくれないでしょう。自分を愛せない人は、人も愛せないかもしれません。自分に誇りをもてなければ、何をやってもうまくいかないでしょう。今のあなたに必要なのは、自分を肯定する気持ちなのです。

　また、このカードを引いた時は、近い将来あなたの良さや今までのがんばりが、周囲の人から認められることも暗示しています。人から褒めてもらえるような出来事があるかもしれませんね。それによってあなたの存在価値は確実に高まるでしょう。

12

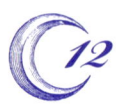

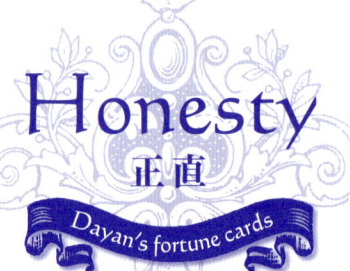

Honesty

正直

Dayan's fortune cards

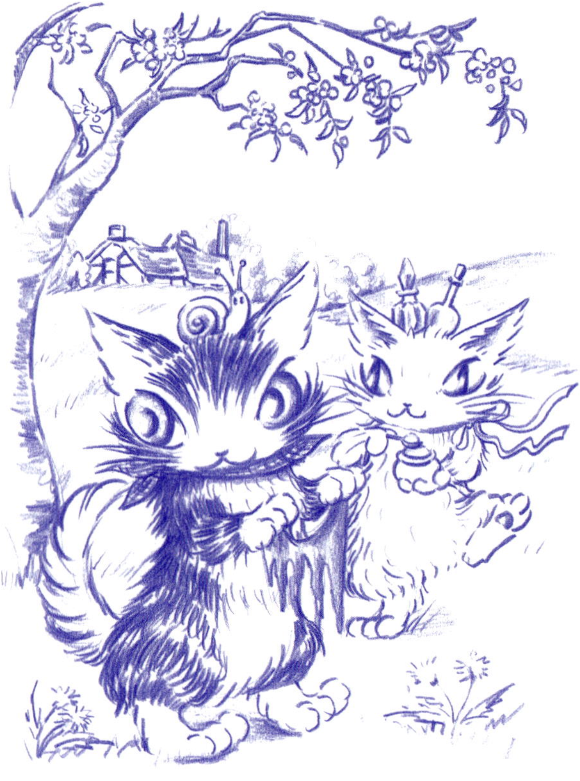

男の子って
What are little boys made of?

男の子って何でできてる?
ぼろきれやカタツムリ 子犬のしっぽ
そんなものでできてるよ
女の子って何でできてる?
砂糖やスパイス すてきなものいっぱい
そんなものでできてるよ

What are little boys made of?
Snips and snails, and puppy-dogs' tails,
That's what little boys are made of.
What are little girls made of?
Sugar and spice, and everything nice,
That's what little girls are made of.

　男の子や女の子がなんでできているか、ユーモラスに歌ったのがこの詩。これは大人になると忘れてしまいがちな、正直でまっすぐな気持ちを象徴しているように思います。子どものころは純真で、自分の気持ちに正直でいることができました。

　このカードを引いたら、そうした子どものころの正直な心を思い出しなさいというお告げです。自分の願いを叶えたいなら、恰好をつけていたり、見栄を張ったり、社会的な立場に縛られていてはだめ。子どものころと同じように、本当に欲しいものは欲しいと正直に言える強さを身につける必要があります。それができると、願いに手が届くでしょう。

　また、もし何か隠していることや嘘をついていることがあるなら、それを正直に告白すべき時がきています。すべて話してしまったほうが、心のつかえが取れて、気持ちも晴れるはず。それがきっかけで物事がプラスの方向に発展していくでしょう。

13

Transition
変化

Dayan's fortune cards

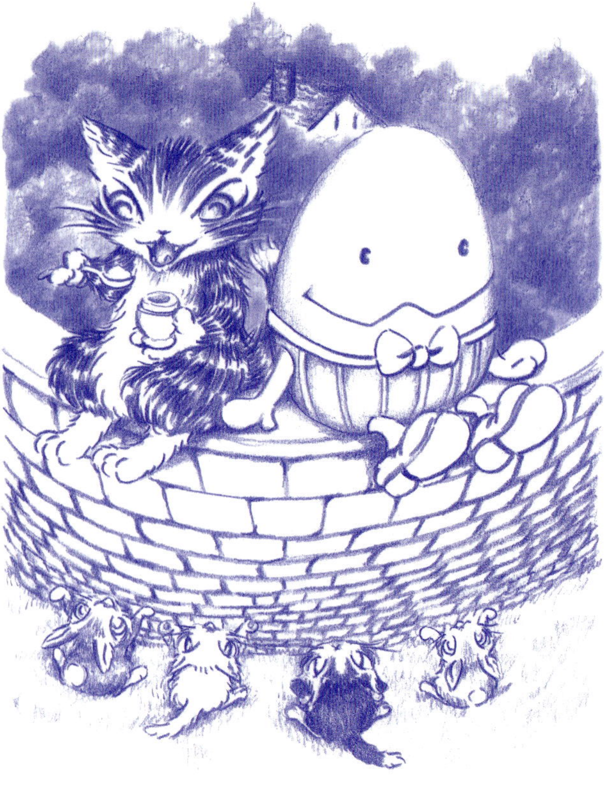

ハンプティ・ダンプティ
Humpty Dumpty

ハンプティダンプティへいの上
ハンプティダンプティおっこちた
みんながどんなにさわいでも
けして元にはもどらない

Humpty Dumpty sat on a wall,
Humpty Dumpty had a great fall.
All the king's horses,
And all the king's men,
Couldn't put Humpty together again.

マザーグースの中でも有名な歌ですね。謎めいた言葉の響きが印象的な詩です。この詩のひとつのメッセージは、日本のことわざでいえば「覆水盆に返らず」ということでしょうか。過ぎてしまったことはもとには戻りません。起きてしまったことをいくら後悔してもしかたありません。過去を変えることはできないのです。でも、物事は壊れてもそこから何かが生まれてきます。今の形では願いは叶わないかもしれませんが、きっとそれは将来、形を変えて別な姿で叶うことになるでしょう。

また、このカードが出たら、何かあなたの身に変化が訪れる兆候かもしれません。その変化は、あなたにとってショッキングな出来事の場合もあるでしょう。でも、変化を恐れてはいけません。変わっていくことで、何か新しい発見があるかもしれないし、あなた自身も成長していくはずです。そのためには柔軟な思考をもつことが大事だと、このカードは告げています。1つの考えに固執せず、しなやかな思考で変化を受け止めていくことができれば、良い方向へと導かれていくでしょう。

Maze
迷路
Dayan's fortune cards

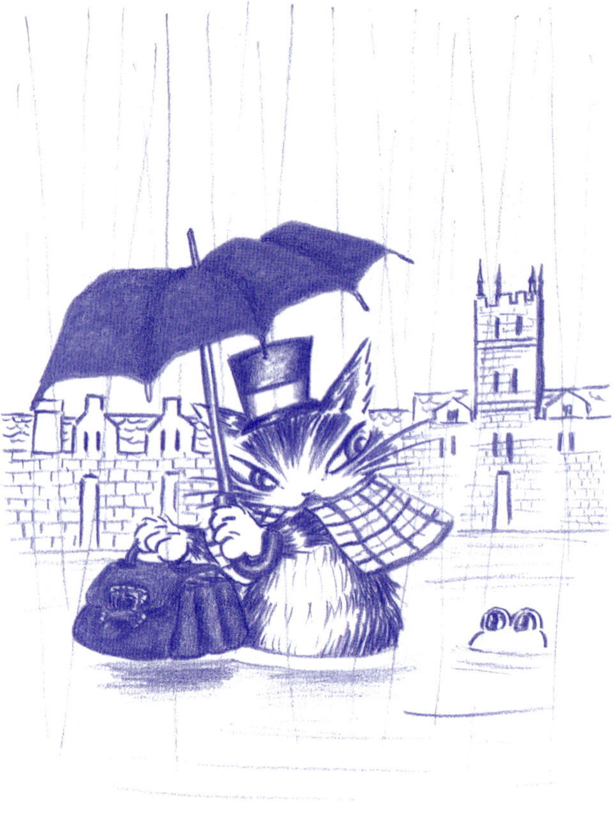

ドクター・フォスター
Doctor Foster

ドクター・フォスター　グロスターに出かけた
はげしくふりしきる雨の中
途中の水たまりに
こしまでつかって立ち往生
とうとうたどりつけなかったとさ

Doctor Foster went to Gloucester
In a shower of rain.
He stepped in a puddle,
Right up to his middle,
And never went there again.

　韻律が印象深い詩ですね。ドクター・フォスターは水たまりにはまってしまって、身動きが取れなくなってしまったという内容です。このカードが出た時には、「一時停止」の暗示。すべてがスムーズに流れ続けるなんてことは、実はないものです。時には何かに「はまって」しまって立ち往生することもあるでしょう。あるいは迷路に迷い込んで、出口が見つからないことだってあります。今は先を急いではいけません。あがけばあがくほど深みにはまってしまうかも。でも、時がたてばまた流れが変わります。受け身の姿勢でいることもまた大事です。

　また、このカードを引いたら、混乱している自分の気持ちや状況を整理してみる作業が必要。自分はどうしたいのか、どこに問題の根本原因があるのか、可能なこと不可能なことは何なのか、そういったことをもつれた糸を解きほぐすようにして整理していきましょう。そうすると視界が一気に開けてきて、問題を解決する道筋や将来の展望が見えてくるはずです。

15 Union
結びつき
Dayan's fortune cards

ボビー・シャフトー
Bobby Shaftoe

**ボビー・シャフトー海にいった
銀のバックル ひざに巻き
帰ってきたら結婚するの
すてきなボビー・シャフトーと**

Bobby Shaftoe went to sea,
Silver buckles on his knee.
He'll come back and marry me,
Pretty Bobby Shaftoe.

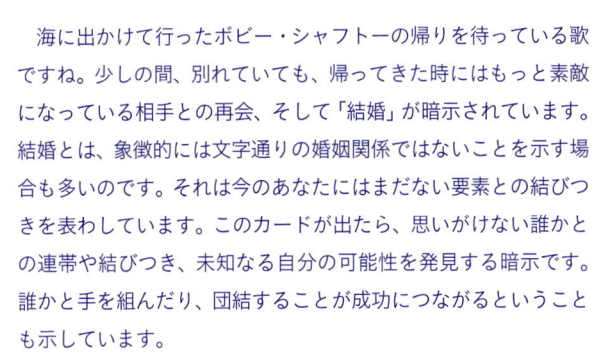

　海に出かけて行ったボビー・シャフトーの帰りを待っている歌ですね。少しの間、別れていても、帰ってきた時にはもっと素敵になっている相手との再会、そして「結婚」が暗示されています。結婚とは、象徴的には文字通りの婚姻関係ではないことを示す場合も多いのです。それは今のあなたにはまだない要素との結びつきを表わしています。このカードが出たら、思いがけない誰かとの連帯や結びつき、未知なる自分の可能性を発見する暗示です。誰かと手を組んだり、団結することが成功につながるということも示しています。

　また、このカードを引いた時は、船出したボビー・シャフトーのように、冒険の旅に出ることを恐れてはいけません。勇気を出して新たな世界へと出航すれば、その旅はきっとあなたをひと回りもふた回りも成長させてくれます。もっと魅力的な自分になることができるでしょう。ただ、そのために誰かと一時的に別れたり、何らかの犠牲を払うこともありそう。それでも冒険してよかったと思える日が、必ずやってくるはずです。

16 Heart and Sword
愛と剣
Dayan's fortune cards

ハートのクィーン
The Queen of Hearts

**ハートのクィーンが日曜に
タルトのケーキをこしらえた
ハートのジャックが盗んで
それをすっかり平らげた
ハートのキングはくやしがり
ジャックをこってりこらしめた**

The Queen of Hearts,
She made some tarts,
All on a summer's day.
The Knave of Hearts,
He stole those tarts,
And took them clean away.

　ハートのクィーンは、トランプ占いの伝統では古くから愛や恋の象徴でした。このカードが出ると恋が叶うといわれてきたものです。もちろん、このマザーグースのカードでもそれは同じ。ただ、詩の内容を見ると、平和なうちに愛が手に入るということでもなさそうですね。キングとジャックが戦っていますから。このカードは、何かひと波乱があったあとに愛と平和が訪れるという暗示。恋のライバルが登場するおそれもありますし、あなたを巡って２人の男性が火花を散らすのかもしれません。いずれにしても本物の愛を手に入れるためには、衝突を恐れないこと。感情をぶつけ合うことで真の愛情が見えてきます。
　また、恋愛以外のことでも、このカードを引いた時は、自分の願いを叶えるために剣をもって戦う必要があることを示しています。楽をして願いが叶うことはありません。自分の力をすべて出し切ってぶつかってこそ、勝利を手にできるのです。

Rest
休息

Dayan's fortune cards

17

ねんねんころりよ
Hush-a-bye, baby

ねんねんころりよ 木のこずえ
風がふいたらゆりかごゆれる
枝がおれればゆりかごおちる

Hush-a-bye, baby, on the tree top,
When the wind blows
the cradle will rock,
When the bough breaks,
the cradle will fall,
And down will come baby,
cradle and all.

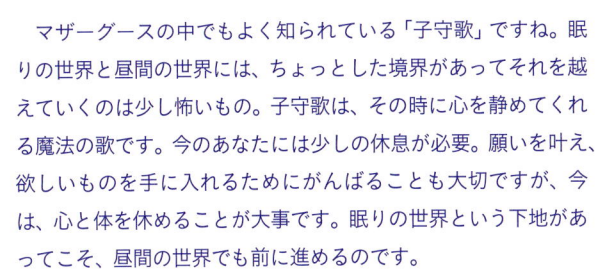

　マザーグースの中でもよく知られている「子守歌」ですね。眠りの世界と昼間の世界には、ちょっとした境界があってそれを越えていくのは少し怖いもの。子守歌は、その時に心を静めてくれる魔法の歌です。今のあなたには少しの休息が必要。願いを叶え、欲しいものを手に入れるためにがんばることも大切ですが、今は、心と体を休めることが大事です。眠りの世界という下地があってこそ、昼間の世界でも前に進めるのです。
　また、このカードを引いた時は、答えをすぐ出そうとしたり、問題を急いで解決しようとしないで、いったん棚上げにしてみましょう。そうすることで時間が解決してくれたり、新たな方法が浮かんできたりするはずです。人間関係で悩んでいるときも、このカードが出たら相手と距離を置いてみてください。離れてみると、相手のいろんな部分が見えてきます。自分にとってその人がどういう人なのか、そしてどう関わっていくのがベストなのかが自然とわかってくるでしょう。

Give Way
讓步
Dayan's fortune cards

18

ヘクター・プロテクター
Hector Protector

ヘクター・プロテクターは 緑色におめかし
女王様にごあいさつ
でも女王様はヘクターがきらい
王様もヘクターが好きじゃない
仕方がないんでヘクターは戻ってきた

Hector Protector was dressed all in green,
Hector Protector was sent to the Queen.
The Queen did not like him,
No more did the King;
So Hector Protector was sent back again.

　緑色におめかししたヘクター・プロテクターが女王様に接近、でも、あえなく破れてしまうということを歌った詩です。この詩は残念ながら、占いではあまりいいサインとはいえません。今あなたがやろうとしているアプローチは得策とはいえないよう。もう一度やり方を考え直してみることが必要なのでは？　あるいは一度、ほかの人に道を譲ることも必要かもしれません。いったん引いても、次にはまたチャンスがきます。

　また、ヘクター・プロテクターが女王様や王様の気持ちをおもんばからなかったように、今のあなたは自分をアピールすることに精一杯で、周りの人の気持ちを考えることができなくなっているのかもしれません。自分中心に振る舞ったり、わがままになったりしていませんか？　このカードは、相手を思いやる心や気遣う気持ちを取り戻しなさい、そして時には妥協したり、相手の意見を受け入れることも大切だと告げています。周りの人を立てることで、逆にあなたの人柄が際立つこともありますよ。

19 Sweetness
甘美
Dayan's fortune cards

バラは赤い
The rose is red

**バラは赤い
スミレは青い
ピンクはやさしい
そしてきみも!**

The rose is red,
The violet's blue,
Pinks are sweet,
And so are you!

　マザーグースの中でもとても有名な、かわいらしい歌です。バラもスミレも、そして愛する人も、占星術の世界では、愛の星である金星が支配しています。このカードはまさに金星の世界観を象徴していて、この世にある美しいもの、愛すべきものすべてを表しているのです。このカードが出たら、あなたの愛らしい魅力が高まっている暗示。その魅力が周囲の人を引き付けます。誰かが密かにあなたに恋をしているかもしれません。甘い恋が始まる、という予感もありそうですよ。大好きなあの人にようやく思いが通じることもあるでしょう。

　また、このカードを引いたら、あなたをサポートしてくれる人が出てくる暗示も。協力的な人が現れたら、その人をぜひ頼ってみましょう。少しくらい甘えるのもいいかもしれません。

　ただ、同時に過剰な愛情も表していて、相手を必要以上に甘やかしたり、甘美な恋愛に溺れてしまう危うさも表しています。自分のあふれる愛情を上手にコントロールすることも必要だと、このカードは教えてくれているのです。

20 Wealth
富

Dayan's fortune cards

6ペンスの歌を歌おう
Sing a song of sixpence

6ペンスの歌を歌おう
ポケットいっぱいのライ麦と
24羽のツグミで おいしいパイを作ろうよ
王さまは金庫の中で金かんじょう
女王さまは台所で はちみつパンをたべていた

Sing a song of sixpence,
A pocket full of rye;
Four and twenty blackbirds, baked in a pie.
The king was in his counting-house, counting out his money.
The queen was in the parlour, eating bread and honey.

　6ペンスの歌は、「お金」と直接かかわっている詩です。王様はたくさんのお金をもっていて、金庫の中でお金を勘定しています。このカードが出たら、ずばり、金運アップと読めるでしょう。収入が上がったり、うれしい臨時収入があったりして、富を手にできる暗示です。

　でも、このカードが示す「富」は、即物的なお金のことばかりではありません。たとえば、パイの中の24羽のツグミはさまざまに解釈できますが、あなたの人生というパイをつくり上げるうえで、力を貸してくれた人たちを象徴しているようにも思えます。そして出来上がったパイを、その人たちと共に分かち合える豊かさや価値を表しているのだと思います。つまり、共に分かち合える人たちや物といったものも、あなたにとっては財産であることを、このカードは教えているのです。そうしたいろいろな意味での富を手にできる時が、今まさに来ています。その富を上手に活かしていくことを考えてください。

21

Pride
誇り

Dayan's fortune cards

THE LION VS THE UNICORN

ライオンと一角獣
The lion and the unicorn

ライオンと一角獣が
王冠めぐって戦った
街の人たち もてなしたけど
とうとう太鼓を打ち鳴らし
二匹を街から追い出した

The lion and the unicorn
were fighting for the crown;
The lion beat the unicorn all around the town.
Some gave them white bread, and some gave them brown;
Some gave them plum cake and drummed them out of town.

　ライオンと一角獣は、ヨーロッパの中では伝統的に王権や尊厳の象徴でした。今ここで課題になっているのは、まさに「プライド」と「権力」の問題です。あなたには自分が思っている以上に影響力がある様子。あなたの発言や行動は、周囲の人に注目されているようです。おそらくあなたの頼みごとなら聞いてくれる人もたくさんいるでしょう。その影響力を上手に使っていくことが鍵になっています。自分だけの力で何とかするのではなく、人を動かすことを考えてみましょう。
　また、プライドの正しい使い方も考え直すべき時にきています。虚栄や自慢などつまらないことにプライドが使われないようにすることが大事。プライドが邪魔をして素直になれなかったり、プライドにこだわったために物事がうまく運ばないというようなことも起こりがちです。そうならないよう自分のプライドの軸をしっかりと定めることが大事。自分に誇りを持ち、正しいことのためにあなたの力を使ってください。

22

Message
メッセージ

Dayan's fortune cards

マザーグースのおばさん
Old Mother Goose

マザーグースのおばさんは
散歩がしたくなったとき
空へとんでく
すてきながちょうの背にのって

Old Mother Goose,
When she wanted to wander,
Would ride through the air
On a very fine gander.

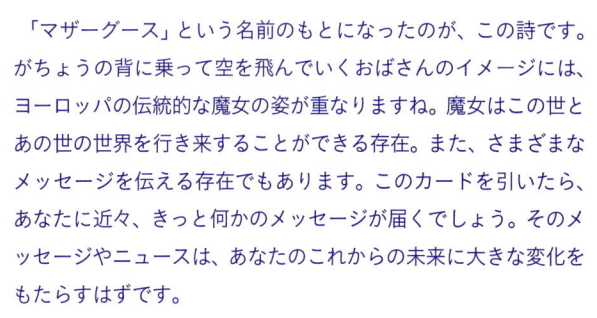

　「マザーグース」という名前のもとになったのが、この詩です。がちょうの背に乗って空を飛んでいくおばさんのイメージには、ヨーロッパの伝統的な魔女の姿が重なりますね。魔女はこの世とあの世の世界を行き来することができる存在。また、さまざまなメッセージを伝える存在でもあります。このカードを引いたら、あなたに近々、きっと何かのメッセージが届くでしょう。そのメッセージやニュースは、あなたのこれからの未来に大きな変化をもたらすはずです。

　同時にこのカードは、自分からメッセージを発信することもプラスになると告げています。遠くに住んでいる人に手紙を書いたり、ここ何年も会っていない人にメールを送ってみるのもいいでしょう。いつもそばであなたを見守ってくれる人に、感謝の気持ちをプレゼントとともにカードにしたためて伝えるのもいいですね。あなたのメッセージが相手の心を動かす時なので、メッセージに思いを託して送ってみましょう。それがきっかけで何かが動き出すという暗示もあります。

23

Follow
したがう

Dayan's fortune cards

メリーの子羊
Mary had a little lamb

メリーさんの羊 雪みたいなわた毛
メリーさんにどこでもついてゆく
メリーさんの羊 学校にだってついてゆく
メリーさんを好きなわけは
メリーさんに好かれているからさ

Mary had a little lamb,
little lamb, little lamb,
Mary had a little lamb
Its fleece was white as snow;
And everywhere that Mary went
The lamb was sure to go.
"Why does the lamb love Mary so?"
The eager children cry;
"Why, Mary loves the lamb, you know,"
The teacher did reply.

　なじみのある有名な歌ですね。子どものころに歌った人も多いでしょう。羊はよき魂の象徴でした。そして羊飼いはそれを導く存在です。メリーさんはMary、つまり聖母マリアを表しているのかもしれません。このカードが出た時には優しくてよき導き手がいることを告げています。あなたのそばに信頼できる人がいるでしょう？　その人の助言を聞き入れ、したがっていくことできっと良い方向に物事が進んでいくはずです。人の言うことに耳を傾ける素直さが必要な時です。

　この詩のもう1つのメッセージは、「メリーさんを好きなわけはメリーさんに好かれているからさ」という部分にあります。自分が相手から好かれていると思ったら、自分もその人のことを好きになるものだということを、この詩は教えています。相手に好意を示せば、きっと相手もあなたのことを好きになりますよ。

24 Time to Sleep
眠る時間
Dayan's fortune cards

ウィー・ウィリー・ウィンキー
Wee Willie Winkie

ウィー・ウィリー・ウィンキー
階段おりたり上ったり
窓をたたいて かぎ穴からさけぶ
「もう10時だよ ねないこはいないか？」

Wee Willie Winkie runs through the town,
Upstairs and downstairs in his night-gown,
Tapping at the window, crying through the lock,
"Are the children in their beds,
for now it's ten o'clock?"

　「もう10時だよ、ねないこはいないか？」とちょっと怖い声で叫ぶウィンキー。日本でいえば、まるでナマハゲのような感じでしょうか？　就寝時間を告げる存在ですが、象徴的にいえば、ここで無理やりにでも進むべき方向を修正したり、態度を変える必要があることを示しています。もしかするとそれは少し強行的な手段かもしれません。自分の本意とは違って、あえて断行しなければならないことなのかも。でも、今の段階でそれを行っておくことは、これから先のことを考えるととても重要だとこのカードは告げています。もちろん、あなたの今のやり方も決して間違ってはいないけれど、よりスムーズに進ませるためにも、別の方法を試してみる価値はあるのでは？　意識のモードを変えてみるといいでしょう。

　また、このカードが出たときは、今関わっている案件が行き詰まっていることも暗示しています。ここで一度その案件を横に置いて、頭を休めなさいとカードは告げています。そうすると頭がスッキリして、新たな発想が生まれてくるはずです。

25

Beyond the Moon
月をこえて
Dayan's fortune cards

ねことバイオリン
Hey, diddle, diddle

ヘイ ディドル ディドル
ねこと バイオリン
めうしが月をとびこえた
それみて犬も大笑い
お皿とスプーンもとんでった

Hey, diddle, diddle,
The cat and the fiddle,
The cow jumped over the moon.
The little dog laughed to see such sport,
And the dish ran away with the spoon.

　謎めいた詩です。「めうしが月をとびこえた」なんて、とてもユーモラス。でも、これはちょっと考えてみると実に教訓的な歌詞です。月は手が届かないずっと遠いところにあると思われていますが、この詩の中では一見、鈍く見えるめうしも音楽に合わせて踊るように月を飛び越えています。今のあなたの願いは遠くにあるように思えますが、勢いにのって勇気を出せば、きっとクリアできる、ということではないでしょうか。

　あるいは、今あなたが悩んでいる問題は、そんなに深刻にとらえることではないという暗示にも思えます。もっと楽観的になって、音楽を奏でるように楽しく、笑いながら行ったほうが何事もうまくいくのではないでしょうか。また、「案ずるより産むがやすし」ということわざのように、事前にあれこれ心配するよりも、実際に行ってみると案外たやすいものだということも、このカードは示しているように思います。物事を良いほうに考えて、「必ずうまくいく」と信じることが大切ですよ。

26 On Time
時間通りに
Dayan's fortune cards

チクタク チクタク ボーン
Hickory, dickory, dock

**チクタク チクタク
ねずみが時計をかけのぼり
1時をうったらかけおりた
チクタク チクタク ボーンボン**

Hickory, dickory, dock,
The mouse ran up the clock.
The clock struck one,
The mouse ran down,
Hickory, dickory, dock.

　真夜中の時計の音というのは、なぜこんなにも子どもの心をとらえるのでしょう。楽しい明日がすぐそばにきているということを知らせるからでしょうか。あるいは、希望と夢にふくらむ大人の世界への成長が、刻一刻と進んでいることを教えてくれるからでしょうか。このカードが出た時には「時間」の意味を考えることがポイントになっています。何事もタイミングが大事。遅すぎても早すぎてもいけません。あなたの行動の「時」を測りましょう。今、動くべき時なのか、それとももう少し様子をみるべき時なのか、その判断が重要になってきます。

　また、このカードを引いたときは、やるべきことの優先順位を考えることも大切です。今の段階で何を一番に優先するのがベストなのか、そこをしっかり考えてみましょう。あとでやってもいいことを、先にやろうとしていませんか？　本当は一番に手をつけておくべきことを、面倒だからと後回しにしていませんか？
物事に優先順位をつけて、すぐに取り掛かったほうが良いことから片づけていきましょう。

27 Rightness
正義
Dayan's fortune cards

パンチとジュディ
Punch and Judy

パンチとジュディ パイの取り合い
パンチはジュディの目にいっぱつ
パンチがジュディに
「もういっぱついかが?」
ジュディはパンチに「目がいたい」

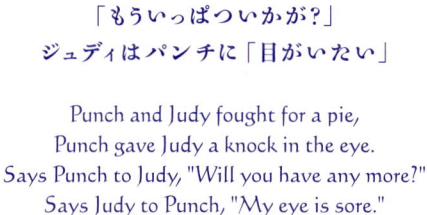

Punch and Judy fought for a pie,
Punch gave Judy a knock in the eye.
Says Punch to Judy, "Will you have any more?"
Says Judy to Punch, "My eye is sore."

　パンチとジュディがパイの取り合いをしています。そこでパンチはジュディの目に一発、さらにもう一発手を出そうとします。結局、ジュディは「目がいたい」と言ってうなだれることに……。ここで描かれているのは、正義とか公正さのありようです。パンチは力で物事を解決しようとしましたが、それは相手を傷つけるだけで、何の解決にもなりませんでした。

　このカードを引いた時は、実際、今あなたに何かトラブルが起こっている可能性があります。しかし、そのトラブルに対して、あなたはどんな行動をとっているでしょうか? あなたの行動は正しい方向に向かっていますか? 公正なものでしょうか?

　そこをもう一度みずから問いただして、チェックし直してください。そして、どんな問題に直面しても正義を貫き、自分に恥じない行動をとりましょう。後悔しないためにも。その毅然とした態度がさらによい結果を招くことになると、このカードは教えています。運命はいつも正しいものの味方です。

28 Diversity
多様性
Dayan's fortune cards

まがったダヤン
There was a crooked Dayan

まがったダヤンが
まがった道を1マイル歩き
まがった6ペンス 木戸でみつけて
まがったねこを買って
ねこはまがったねずみをつかまえて
みんないっしょに
まがった家で暮らしました

There was a crooked Dayan,
And he walked a crooked mile,
He found a crooked sixpence upon a crooked stile.
He bought a crooked cat, which caught a crooked mouse,
And they all lived together in a crooked little house.

　まがったダヤン、まがった6ペンス、まがったねこにまがったねずみ。本当ならなかなか仲良くはできないはずの存在がここでは一緒に暮らしています。「生物多様性」なんて言葉すらなかった時代のマザーグースに、すでにあった英知がここにみてとれるよう。今あなたはたくさんの可能性に満ちていて、いろいろなものを受け入れられる時にきています。さまざまな価値観を受け入れること、多様さを楽しむことがあなたの願いに近づく鍵になっています。自分とは相反するものや、今まで経験したことのないものも怖がらずに受け入れてみましょう。

　このカードに秘められたメッセージはもう1つあります。「まがったもの」とは価値のないものの象徴です。でも、一見、価値のないように見えるものが意外と大切なこともあります。価値がないと思えることにも、もう一度注目してみてください。

29

Reborn
再生

Dayan's fortune cards

ロンドン橋おちた
London Bridge is falling down

ロンドン橋おちた
おちた
おちた
ロンドン橋おちた
マイフェアレディ

London Bridge is falling down,
Falling down,
Falling down.
London Bridge is falling down,
My fair lady.

　ロンドン橋おちた……とてもよく知られた歌です。中身をリアルに考えると、ちょっと怖い歌ですけど、しかし、そのリズムには怖さはありません。ロンドン橋はしっかりとした建造物ですが、それが簡単に壊れて行く様子を少し楽しんでいるようなところがあります。立派な建造物は、時にはかたくなになってしまった気持ちや感情を象徴していることもあります。

　このカードが出た時には、こだわりを捨てて初心を再生させることがとても大事。ただ、再生するには、ロンドン橋が壊れたように、あなた自身も何かを壊す必要がありそう。たとえば常識で固められた概念や自分の心をガードする鎧、プライドやコンプレックス、あるいは積み上げてきたものなどをここで一度壊さないといけないかもしれません。それらをあえて壊して、一から再生するプロセスが今のあなたには必要だと、このカードは告げています。そうすればあなたは身軽になって自由を取り戻し、新たな自分に生まれ変わることができるでしょう。

… 30

Independence
独立

Dayan's fortune cards

ジャンピング・ジョーン
Little Jumping Joan

ぼくはここだよ
豆の王様
ジャンピング・ジョーンがとびあがる
だれもいっしょにいないから
ぼくはいつでもひとりぼっち

Here am I,
Little Jumping Joan,
When nobody's with me
I'm all alone.

　豆の王様、ジャンピング・ジョーンが飛び上がる様子を歌った詩です。豆は小さいけれど、その中には将来大きく成長するための可能性がすべて詰まっています。「ひとりぼっち」であることは、ほかの誰とも違うかけがえのない個性がその中にあることを表わしているように見えます。ジャンピング・ジョーンは自分という存在が「ここにいる」ということを、ジャンプしながらみんなにアピールしているのです。

　このカードは、あなたにはあなたにしかできないことがあって、それを行うことで自分の存在を示しなさいということを暗示しています。同時に自立することも大事だと教えています。誰かに依存したり、人に幸せにしてもらおうなどと考えないで、独立した精神をもつことが願いを叶えることにつながります。それはある意味、孤独かもしれません。みんなと群れているのは楽しいかもしれませんが、今ここで自分ひとりの力でがんばることができれば、豆が発芽して伸びていくように、あなたもこの先大きく飛躍できるはずです。自分の力を信じてください。

"わちふぃーるど"の世界

ダヤンとその仲間たちが暮らす、"わちふぃーるど"。
その不思議で素敵な国をご紹介します。

わちふぃーるどの住人たち

マーシィ
ダヤンと仲良しのウサギの女の子。7人家族の長女で、世話好きのしっかり者。おしゃれも大好き。

ジタン
博識で音楽と旅を愛する、ダヤンの親友。どこかミステリアスで得意のバイオリンには魔力がある。

イワン
ダヤンと同じアルス出身。木や草花の言葉がわかる優しい心の持ち主。きこりとして暮らす。

バニラ
ジタンの妹で、毛糸玉のようにふわふわした真っ白な毛皮の女の子。皆のアイドル的存在。

ダヤン
アルス（地球）から、運命に導かれ"わちふぃーるど"にやってきた特別な猫。マイペースで昼寝好き、でも友達思いで好奇心旺盛。不思議な冒険に次々と出くわすが、強運と無邪気な行動で幸せな結果に導く皆のヒーロー。

★フォーチュンカードには、他にもたくさんの住人が登場。探してみてね！

"わちふぃーるど"ってどんなところ？

わちふぃーるど全図

★もっと詳しく知りたい方は「ダヤン不思議の国へ わちふぃーるど大図鑑」「新わちふぃーるど大図鑑」（白泉社）をご覧ください。

遥か昔、世界はひとつで"アビルトーク"と呼ばれていました。しかし、神々の争いが絶えず分断。人間が暮らす"アルス（地球）"と、動物や妖精、魔物が暮らす"わちふぃーるど"に分かれたのです。

雪の神・ヨールカの守護で、魔法が息づく"わちふぃーるど"にはたくさんの小国があり、風土も様々。ダヤンが暮らすタシルは、ほぼ中央に位置し、豊かな自然と長い歴史に育まれた伝統ある街。南部には商業が盛んな水の都・サウスが、北部は雪と氷に閉ざされたノースや死の森など、未知の領域が広がっています。わちふぃーるどでは昔のままに、時はゆったりと流れ、動物たちは立って歩き、太陽をめぐる四季のお祭りを楽しむのです。

大人気！ダヤンのカード占い第1弾

ダヤンの
タロットカード

好評発売中

タロットカード22枚＋占いブック1冊
占い・鏡リュウジ　絵・池田あきこ

猫のダヤンと"わちふぃーるど"の
世界がすてきなタロットカードに！
占星術師・鏡リュウジによるガイドブックは、
タロットの様々な占い方からカードが
持つ意味まで、初心者にもやさしく説明。
わちふぃーるど占いも収録！

新書版／定価1500円＋税（白泉社）

Profile

鏡リュウジ

京都生まれ。心理占星術研究家・翻訳家。心理的アプローチを交えた占星術を紹介し、占星術の第一人者に。著書/訳書に『誕生日事典 366日の「魔法の言葉」』(日東書院本社)『月と太陽でわかる性格事典 増補改訂版』(辰巳出版)『鏡リュウジの占い入門』シリーズ(説話社)『鏡リュウジの占星術の教科書』シリーズ(原書房)など多数。他にも雑誌、テレビなど幅広いメディアで活躍。

鏡リュウジ公式サイト
https://kagamiryuji.jp

池田あきこ

東京生まれ。1983年にダヤンの雑貨ブランド・わちふぃーるどを始める。1987年からダヤンの絵本を出版。主な著書に『ダヤンのタロットカード』(占い・鏡リュウジ)『ダヤン 不思議の国へ わちふぃーるど大図鑑』『ダヤンの小さなおはなし』『ダヤン カフェ』『ダヤンと時の流れ星』『ダヤンのアベコベアの月』『ダヤンの絵本 森の音を聞いてごらん』(白泉社)など多数。

わちふぃーるど公式サイト
http://www.wachi.co.jp

＊ 本書は月刊MOE 2012年7月号ふろく「ダヤンのフォーチュンカード」をもとに、新たに描きおろし、再構成したものです。

参照サイト	「マザーグースの歌」壺齋散人 http://mother-goose.hix05.com/
訳	池田あきこ
編集協力	岡本純子
監修	吉本万哉
デザイン	佐藤琴(ツバキ図案室)
プリンティング・ディレクター	岩倉邦一

ダヤンのフォーチュンカード マザーグースで占う あなたの今日の運勢

2012年11月20日 初版発行
2025年 4月14日 第7刷発行

著者	鏡リュウジ ©Ryuji Kagami 2012
	池田あきこ ©Akiko Ikeda/Wachifield Licensing,Inc. 2012
発行人	白岡真紀
発行所	株式会社 白泉社
	〒101-0063 東京都千代田区神田淡路町2-2-2
	電話 03-3526-8065(編集) 03-3526-8010(販売) 03-3526-8156(読者係)
印刷・製本	株式会社DNP出版プロダクツ

白泉社ホームページ https://www.hakusensha.co.jp
HAKUSENSHA Printed in Japan
ISBN978-4-592-73271-6

◆定価は外箱に表示してあります。◆造本には十分注意しておりますが、落丁・乱丁(本のページの抜け落ちや順序の間違い)の場合はお取り替えいたします。購入された書店名を明記して白泉社読者係宛にお送りください。送料は白泉社負担にてお取り替えいたします。ただし古書にて購入されたものについてはお取り替えできません。
◆本書の一部または全部を無断で複製等の利用をすることは、著作権法で認められる場合を除き禁じられています。本書を朗読した音声や本書の画像・動画などをインターネットで公開することは法律で認められておりません。